Vente du Samedi 31 Mars 188[3]

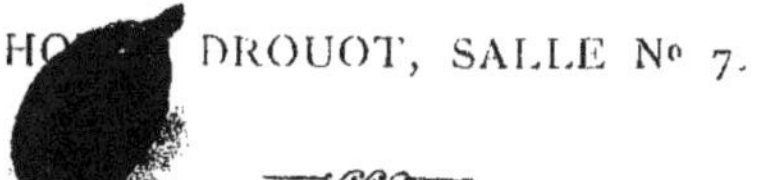

HO... DROUOT, SALLE Nº 7.

COLLECTION

DE

VITRAUX

ANCIENS

ARMES DES XVIᵉ ET XVIIᵉ SIÈCLES

OBJETS DE VITRINE, FAIENCES, ÉTOFFES ET TAPISSERIES

EXPOSITION PUBLIQUE
LE VENDREDI 30 MARS 1883
De une heure à cinq heures.

COMMISSAIRE-PRISEUR

Mᵉ PAUL CHEVALLIER, Succʳ de Mᵉ CH. PILLET
10, rue de la Grange-Batelière.

M. CH. MANNHEIM, Expert, 7, rue St-Georges.

IMPRIMERIE PILLET ET DUMOULIN
Rue des Grands-Augustins, 5, à Paris.

CATALOGUE

D'UNE COLLECTION

DE

VITRAUX ANCIENS

ARMES DES XVIe ET XVIIe SIÈCLES

Objets de vitrine; Couteaux Louis XIII; Boucles et Boutons
en stras; Eventails; Faïences françaises;
Porcelaines; Belles étoffes anciennes; Tapisseries.

DONT LA VENTE AURA LIEU

HOTEL DROUOT, SALLE N° 7

Le Samedi 31 Mars 1883,

A deux heures.

———

COMMISSAIRE-PRISEUR

Me PAUL CHEVALLIER, Succ^r de M. CH. PILLET,

10, rue de la Grange-Batelière;

M. CH. MANNHEIM, Expert, 7, rue St-Georges.

Chez lesquels se trouve le présent Catalogue.

———

EXPOSITION PUBLIQUE : le Vendredi 3o Mars 1883,
De une heure à cinq heures.

CONDITIONS DE LA VENTE

La vente sera faite au comptant.

Les acquéreurs payeront cinq pour cent en sus de
enchères applicables aux frais.

L'exposition mettant le public à même de se rendre
compte de l'état des objets, il ne sera admis aucune récla-
mation une fois l'adjudication prononcée.

Paris. — Typ. Pillet et Dumoulin, 5, rue des Grands-Augustins.

DÉSIGNATION DES OBJETS

VITRAUX

1 — Deux grands vitraux représentant chacun une figure de donateur, roi et reine couronnés et revêtus de manteaux doublés d'hermine, agenouillés sous des portiques à colonnes, ornées de ramages. xvɪᵉ siècle.

2 — Vitrail carré, représentant *sainte Clere* en buste, daté de MDLI.

3 — Fragment de vitrail, représentant un coq. xvɪᵉ siècle.

4 — Vitrail représentant deux armoiries, l'une sur fond bleu, l'autre sur fond rouge, placées entre des pilastres; au bas, quatre petits écussons dont deux représentent un ours héraldique et deux inscriptions. xvɪɪᵉ siècle.

5 — Vitrail circulaire représentant un Saint abbé agenouillé et la Vue d'un monastère, dans un

encadrement orné d'écussons et des armoiries d'un
évêque avec inscriptions et la date de 1656.

6 — Vitrail ovale représentant le Baptème du Christ,
avec inscriptions et la date de 1654.

7 — Vitrail ovale formé d'un écusson à griffes de
lion, fond de paysages, encadrement de lauriers et
guirlande de fruits. Inscription et date de 1634.

8 — Vitrail rectangulaire en hauteur, représentant
un écusson entre deux figures de cavalier et une
femme tenant deux enfants, fond de paysages.
Dans le haut, Corporation des barbiers, au bas,
inscription et date de 1573, avec monogrames A.I.

9 — Vitrail rectangulaire en hauteur, personnage vêtu
d'une peau d'ours, portant une massue et tenant
deux écussons.

10 — Vitrail représentant une armoirie entre deux
hommes d'armes. Dans le haut deux amours, au
bas une inscription et la date de 1660.

11 — Vitrail représentant le Sacrifice d'Abraham ; au
bas, écusson armorié soutenu par deux amours.
XVIIe siècle.

12 — Vitrail peint en grisaille, représentant une
figure de Sainte femme tenant une épée sous un
portique de ramages. XVIe siècle.

13 — Deux petits vitraux circulaires, l'un armorié en
grisaille, daté de 1585, l'autre, trois blasons et
inscriptions daté de 1687.

14 — Vitrail en couleur daté de 1692, représentant
l'Assomption de la Vierge et les deux figures de
de saint Michel et de saint Paul dans un motif
d'architecture ; au bas un écusson au milieu d'une
inscription.

15 — Vitrail en couleur représentant au centre, un
écusson armorié surmonté d'une figure tenant un
oriflamme ; de chaque côté deux figures d'apôtres ;
en haut, et en bas, deux inscriptions entre des
sujets et la date de 1657.

16 — Vitrail représentant deux saints évêques, un
blason et la date de 1527.

17 — Vitrail représentant au centre un monastère, le
Père éternel et deux anges dans un cartouche,
placé entre une figure d'un saint et de la Vierge
portant l'enfant Jésus ; haut et bas deux inscriptions
entre des figures d'anges tenant un blason daté
de 1645.

18 — Vitrail composé d'une armoirie de cardinal en
couleurs entre des motifs d'ornements fleurs de
lis et buste d'homme en grisaille.

19 — Beau vitrail représentant une armoirie de cardinal entre des motifs d'ornements à cariatides en

vert et violet, au bas cartouche en grisaille contenant une inscription et la date de 1567.

20 — Beau vitrail représentant une armoirie au milieu d'un motif architectural avec figures de la Justice et de la Miséricorde. Au bas, sur un cartouche bleu, entre des pilastres, une inscription et la date de 1654, dédiée au noble Joannes Rotenbernioz, gouverneur de Saint-Maurice.

21 — Vitrail du xviie siècle, offrant au centre un écusson armorié entre les figures de la Justice et de la Foi; inscription dans le bas.

22 — Vitrail offrant un blason armorié surmonté d'une figure sous un portique à quatre colonnes, au bas le nom de Jacob Briend.

23 — Vitrail du xvie siècle dans une monture de style, représentant au centre saint Georges terrassant le dragon, dans un cartouche entre deux colonnes rouge rubis; au bas médaillon blasonné et inscription.

24 — Vitrail analogue au précédent mais varié de nuances; au centre médaillon rond représentant un repas.

25 — Suite de trois vitraux portant la date de 1564, représentant, l'un le Sacrifice d'Abraham, le deuxième Jonas sortant de la baleine et le troisième

le Baptême du Christ, dans un motif d'architecture avec fond de mer et paysage.

26 — Vitrail offrant au centre une armoirie surmontée d'un taureau entre deux figures de la Foi et de l'Espérance; au bas cartouche à inscription et date de 1644.

27 — Vitrail ovale à blason surmonté d'une femme tenant un vase, au bas une banderole avec inscription et date de 1600.

28 — Vitrail ovale, deux armoiries accouplées dont l'une fleurdelisée et surmontée de deux figures. Au bas, inscription et date de 1634.

29 — Vitrail ovale du XVIIᵉ siècle. Deux blasons accouplés, dans le haut deux vases de fruits, au bas cartouche à inscription.

30 — Vitrail avec blason d'un saint évêque entre la figure de sainte Catherine et d'un saint personnage. Au bas inscription et date de 1701.

31 — Vitrail daté de 1624, représentant un ange tenant la croix debout sur une tête de mort; au bas une inscription entre deux médaillons.

32 — Vitrail peint en bleu, jaune et grisaille, représentant un moine agenouillé devant la sainte Trinité et la Vierge; à droite blason d'un évêque.

33 — Vitrail du xvie siècle. Personnage à barbe blanche revêtu d'une demi-armure, tenant un éten-
dard, avec château fort. De chaque côté un soldat
joueur de fifre et de tambour.

34 — Vitrail daté de 1646 représentant l'arbre généa-
logique et un personnage couché, 'avec cartouche
blasonné et inscription.

35 — Vitrail aux armes de la ville de Winterthur,
daté de 1702.

36 — Vitrail daté de 1598, aux armes de la ville de
Lucerne.

37 — Vitrail formé d'un blason à quatre lions héraldi-
ques en noir séparés par une croix bleue, dans un
entourage de feuilles de chène avec l'inscription
Northumberland.

38 — Deux vitraux circulaires : blasons entourés de
feuilles de houx.

39 — Vitrail daté de 1590 représentant diverses scènes
de l'Ancien et du Nouveau Testament, avec figure
de Moïse au centre.

40 — Vitrail représentant l'Assomption entre les figures de saint Bernard et de saint André. Au bas, un
cartouche ovale avec inscription et date de 1657
entre deux petits blasons.

41 — Vitrail du xviie siècle représentant la Vierge enlevée par quatre anges. Dans le haut, saint Pierre,
l'Annonciation et la Foi; au bas, une inscription
entre deux blasons.

42 — Vitrail du xvie siècle. Portraits d'un arquebusier
et de sa femme; dans le haut, scène de labour.

43 — Vitrail représentant l'arche de Noé, deux figures
d'arquebusier et de femme et deux inscriptions
dont une dans le haut soutenue par deux anges.

44 — Vitrail du xvie siècle représentant le Christ en
croix; dans le haut, scène de la Passion en grisaille.

45 — Vitrail du xviie siècle composé d'un blason aux
attributs de la Passion entre les figures du Christ
et d'une sainte, avec emblèmes des évangélistes et
figures d'anges aux angles.

46 — Vitrail du xviie siècle représentant saint Luc,
avec inscription et blason du donateur au bas.

47 — Joli vitrail daté de 1690, composé de deux blasons accouplés placés entre quatre colonnes, avec
sujet tiré de l'histoire romaine à la partie supérieure.

48 — Joli petit vitrail composé des armoiries de Graffenried de Burgenstein, daté de 1656.

*

49 — Vitrail du xvi⁰ siècle, écusson armorié avec
figure d'ange dans une colonnade.

5o — Deux vitraux ronds en grisaille, à deux figures,
abbesse et sainte femme en prière.

51 — Vitrail en grisaille : la Mise en croix du Christ.

52 — Trois pièces. Vitrail en grisaille : saint André ;
petite frise en grisaille : passage de la mer Rouge,
et écusson avec lion héraldique.

53 — Trois petits vitraux en grisaille, à double médaillon à figures d'enfants et singe.

54 — Deux vitraux en couleurs du xvii⁰ siècle : l'Adoration des mages, le Retour de l'enfant prodigue.

55 — Deux vitraux en grisaille : le Calvaire de Jésus
sur la montagne.

56 — Quatre vitraux en grisaille, figures de l'ancien
et du nouveau testament.

57 — Deux vitraux en couleurs : Daniel dans la fosse
aux lions. xvii⁰ siècle.

58 — Deux vitraux : l'un aux armes de France, l'autre,
armoirie entre deux colonnes.

59 — Deux vitraux ronds du xvi⁰ siècle. Le Portement
de croix, et deux femmes dans un intérieur de palais.

6o — Deux pièces en grisaille : Petit vitrail français

représentant *les festes du mois de février*, et un autre représentant le pauvre chez le mauvais riche, xvii° siècle.

61 — Deux vitraux en couleurs : Enée emportant son père Anchisé, et la fuite de deux cavaliers s'échappant d'une forteresse.

62 — Deux vitraux : la sainte Trinité et saint Nicolas en grisaille.

63 — Vitrail en jaune et grisaille représentant trois oiseaux, deux grotesques et des fleurs.

64 — Vitrail circulaire représentant les armes d'Autriche entourées des blasons de la Confédération.

65 — Vitrail analogue, mais plus petit.

66 — Vitrail représentant un donateur agenouillé, avec blason à aigle noir au bas. *Anno dom. 1509.*

67 — Vitrail représentant Adam et Ève.

68 — Vitrail de style ancien représentant deux lions et trois écussons.

69-70 — Trois vitraux composés d'armoiries diverses.

71 — Deux vitraux à armoiries avec figure de lansquenet.

72 — Deux vitraux ronds : armoiries d'un pape et personnage tenant deux écussons.

73-74 — Deux vitraux : l'un à deux lansquenets, l'autre représentant des buveurs attablés.

75 — Deux vitraux ronds : Armoirie surmontée d'un lion et armoirie de Maximilien Ier.

76 — Deux vitraux : Armoiries près d'un cavalier cuirassé et médaillon armorié avec quatre figures aux angles.

77 — Trois pièces : Vitrail composé d'un écusson portant deux abeilles surmonté d'une madone et de deux anges et deux vitraux en hauteur, figures d'évangélistes en grisaille.

78 — Vitrail offrant une figure de hallebardier et une femme en costume du xvie siècle, avec écusson au centre et scène de labour à sa partie supérieure.

79 — Vitrail composé d'une armoirie à deux aigles en bleu et jaune.

80 — Deux vitraux ronds : Armoirie entre un lansquenet et une femme; une femme vêtue de rouge tenant deux écussons. Style du xvie siècle.

81 — Vitrail représentant deux lansquenets tenant un écusson à aigle noir. Dans le haut, joueurs de quilles en grisaille. Style du xvie siècle.

82 — Vitrail offrant un blason à griffes de lion près

d'une femme nue. Dans le haut, scène de repas champêtre. Style du xvi⁰ siècle.

83 — Vitrail peint en jaune et en grisaille représentant un motif d'architecture du xvi⁰ siècle avec blason fleurdelisé et une figure de sainte femme.

84 — Deux vitraux ronds du xvi⁰ siècle peints en grisaille représentant, l'un saint Georges, et l'autre une scène de labour, entourés de branches de feuillages.

85 — Deux vitraux représentant des armoiries peintes sur fond incolore.

86 — Vitrail du xvi⁰ siècle représentant une armoirie surmontée de trois casques avec panaches.

87 — Vitrail moderne de forme ronde représentant l'Adoration de l'enfant Jésus.

88-89 — Trois vitraux des xvi⁰-xvii⁰ siècles.

ARMES

90 — Mousquet à rouet à monture en bois sculpté représentant Mars sur son char, une scène de duel, un sujet de chasse, des mascarons et des ornements. Il porte la date de 1650.

91 — Petit mousquet à rouet à monture en bois incrusté
d'ivoire gravé représentant un sujet de chasse à
l'ours, des chiens et des sangliers, des oiseaux et
des enroulements. xvii⁰ siècle.

92 — Mousquet à rouet à monture en bois incrusté
d'ivoire représentant des sujets de chasse, des animaux et des cartouches. xvii⁰ siècle.

93 — Fusil de rempart à rouet à monture incrustée
de trophées, figure de lansquenet et enroulements
en ivoire gravé.

94 — Poudrière en corne de cerf gravée à six compar-
timents carrés représentant des sujets de chasse et
allégories mythologiques.

95 — Épée allemande de la fin du xvi⁰ siècle à garde
à quillons recourbés et aplatis, en fer ciselé à figures de cavaliers et animaux. Le pommeau est
orné de deux mascarons et de deux figures.

96 — Deux épées allemandes avec gardes à coquille en
fer et fusées garnies de fil de cuivre.

97 — Une hallebarde à lame flamboyante avec aileron
découpé à jour.

98 — Une autre hallebarde avec fer de lance et aileron
découpé avec le chiffre W.

99 — Pertuisane à lame flamboyante.
100 — Pertuisane en forme de langue de bœuf.

BIJOUX

ET OBJETS DE VITRINE

101 — Miniature rectangulaire sur vélin, dans le goût de Van Blarenberghe, représentant une chasse au cerf, en présence du roi et de sa suite.

102 — Deux boucles Louis XVI de forme cintrée en argent et stras.

103 — Garniture de vingt-quatre petits boutons carrés en argent et stras, dans un écrin.

104 — Boîtier de montre du XVIe siècle en cuivre finement ciselé et repercé à jour, à vases, ramages et entrelacs.

105 — Couteau et fourchette à manches d'ambre avec tête en ivoire sculpté du XVIe siècle; dans un étui en cuir gaufré.

106 — Paire de ciseaux en fer incrusté d'ornements en argent, avec lames évidées.

107 — Paire de ciseaux persans en fer damasquiné et repercé à jour.

108 — Couteau Louis XIII à manche d'ivoire, sculpté à grotesques.

109 — Deux petits couteaux espagnols à manches d'i-
voire, avec fourreaux.

110 — Un couteau, un fuseau et une fourchette
Louis XIII, à manches en corne avec garniture
d'étain gravé ; dans une gaine.

111 — Boîte en écaille avec couvercle incrusté d'argent
et de nacre, représentant un sujet mythologique,
époque Louis XV.

112 — Salière en cristal de roche dans une monture
Louis XIV, en bronze doré à coquilles et ornements.

113 — Garniture de douze grands et douze petits boutons en stras.

114 — Petite coupe ovale en agate rubannée, avec
monture en argent garnie de stras.

115 — Éventail Louis XVI avec feuille peinte à la
gouache, représentant un sujet mythologique.

116 — Éventail à monture d'ivoire découpé à jour
avec feuille peinte, représentant une dame et des
marchands de légumes.

FAIENCES ET PORCELAINES

117 — Une terrine à couvercle en ancienne faïence de
Rouen à décor d'objets mobiliers, vases et attributs
genre chinois.

118 — Une gourde en faïence de Nevers décorée de
trois fleurs de lis, et portant au revers la date
de 1746.

119 — Un pot à lait en faïence de Moustiers à fleu-
rettes, avec marque en toutes lettres.

120 — Salière formée d'une syrène en faïence d'Ur-
bino.

121 — Assiette en porcelaine mince de la Chine, décorée d'un sujet familier au centre, avec bordure
rose quadrillée.

122 — Petit compotier à contours en porcelaine mince
de la Chine, décoré en émaux de couleurs de sept
figures près d'une rivière.

123 — Soupière à couvercle en ancienne faïence de
Rouen à riche décor bleu.

124 — Corbeille et son plateau en faïence de Stras-
bourg, à fleurs.

125 — Suspension en faïence de Delft à décor chinois en bleu et blanc et à huit lumières en fer forgé.

126 — Une pagode en vieux blanc de Chine.

127 — Un surtout à quatre salières en forme de coquilles supportées par des consoles à ornements.

128 -- Un trépied en porcelaine de Saxe décoré de fleurs, avec trois figures d'enfants en ronde bosse et ornements en relief rehaussés d'or.

129 — Une potiche en ancienne faïence de Delft, décor genre japonais bleu rouge et or.

130 — Un petit sucrier avec couvercle et soucoupe en faïence de Marseille, à fleurs.

131 — Une chocolatière en faïence de Nevers, à décor bleu.

132 — Salière en faïence de Nevers, décor bleu et manganèse.

133 — Saladier en faïence de Sinceny, à décor chinois avec bordure quadrillée, dit à la crevette.

134 — Pot à tabac à couvercle en faïence de Delft décoré de bustes.

135 — Potiche à côtes en faïence de Delft, décor polychrome, genre chinois.

OBJETS DIVERS

136 — Statuette de muse en bronze florentin.

137 — Une carafe à une anse, en verre de Bohême gravé.

138 — Panneau en largeur, en bois sculpté, représentant des personnages dans des guirlandes et des ramages. xviie siècle.

ÉTOFFES ANCIENNES

139 — Très belle chasuble du temps de Louis XIII en satin richement brodé en soie de couleurs et or à fleurs, fruits, oiseaux, insectes et figures d'amours.

140 — Gilet Louis XVI en satin brodé à fleurs, orné de paillettes d'argent.

141 — Une grande chappe en soie brochée à fleurs ton sur ton.

142 — Petite jaquette en soie rayée bleu et blanc avec bandes de fleurs. Époque Louis XVI.

143 — Jaquette Louis XV en soie mauve brochée à fleurs en soie de couleurs.

144 — Une robe Louis XVI en damas vert.

145 — Une autre en damas bleu clair avec tablier pareil.

146 — Robe Louis XVI en soie bleue brochée à fleurs en soie blanche.

147 — Robe Empire en crêpe imprimé à bouquets de fleurs.

148 — Deux petits panneaux ou tapis de table en damas de soie rose broché d'or à fleurs.

TAPISSERIES

149 — Deux tapisseries à paysages et oiseaux, avec bordures d'ornements. xviiᵉ siècle.

150 — Tapisserie du temps de Louis XIII représentant une scène de paysans avec bordures à colonnes, cartouches et guirlandes de fleurs et de fruits.

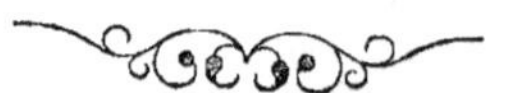

www.ingramcontent.com/pod-product-compliance
Lightning Source LLC
LaVergne TN
LVHW020848200726
843508LV00003B/1087